®
वाणी प्रकाशन ग्रुप

भारतीय ज्ञानपीठ

वाणी प्रकाशन : भारतीय ज्ञानपीठ की पुस्तकों के एकमात्र प्रकाशक एवं वितरक

नदी, मैं तुम्हें रुकने नहीं दूँगा

(कविता-संग्रह)

नदी, मैं तुम्हें रुकने नहीं दूँगा

डॉ. सुधीर आज़ाद

वाणी प्रकाशन ग्रुप
भारतीय ज्ञानपीठ

वाणी प्रकाशन : भारतीय ज्ञानपीठ की पुस्तकों के एकमात्र प्रकाशक एवं वितरक

Email : sales@vaniprakashan.in

सजिल्द पहला संस्करण : 2024

लोकोदय ग्रन्थमाला : ग्रन्थांक 1540

प्रकाशक
वाणी प्रकाशन ग्रुप
4695, 21-ए, दरियागंज, नयी दिल्ली-110 002
फ़ोन : 011-23273167, 23275710
ईमेल : sales@vaniprakashan.in

ISBN : 978-93-6287-716-1

नदी, मैं तुम्हें रुकने नहीं दूँगा
(कविता-संग्रह)
डॉ. सुधीर आज़ाद

NADI, MAIN TUMHEN RUKNE NAHIN DUNGA
(Poetry Collection)
by Dr. Sudhir Aazad

मुद्रक : आर. टेक ऑफ़सेट प्रिंटर्स, दिल्ली-110 032

Price : INR. 395

श्री मोहित जोशी
श्रीमती परी जोशी
और
श्री विजय स्वर्णकार जी

भूमिका

आदिकाल से मनुष्य नदी की महत्ता से परिचित रहा है। सभ्यताओं के उन्नयन में नदियों की भूमिका और उनके योगदान को समझना कठिन नहीं है। नदी से अपने पुरखों जैसे जुड़ाव के कारण ही मनुष्य उसे आदर की दृष्टि से देखता,स्तुति करता और पूजता भी आया है। युगों-युगों से चली आ रही इस परम्परा के कारण यह संबंध हमेशा प्रगाढ़ होता गया। परन्तु जनसंख्या विस्फोट से उत्पन्न विकारों के कारण यह सम्बन्ध विगत सौ वर्षों में बुरी तरह प्रभावित हुआ है। जब मनुष्य से मनुष्य का संबंध ही दाँव पर लगा हो तो शेष संबंधों की ओर ध्यान जाए भी कैसे? नदी की तरह ही कविता भी प्राचीन काल से मनुष्य को अपने जादुई प्रभाव से मुग्ध करती आई है। मनुष्यता के विकास को गति प्रदान करने में कविता अग्रणी रही है। वर्तमान में नदी तो संकट में है ही कई विद्वानों की मान्यता है कि कविता भी संकट में है। क्या इसका कारण यह है कि जो भी तरलता मनुष्यता और प्रकृति में थी वही संकट में है?

डॉ. सुधीर आज़ाद का यह कविता संग्रह ऐसे संकटग्रस्त समय में नदी और कविता दोनों के लिए नई आशाओं और संभावनाओं का सूत्रपात करता हुआ प्रतीत होता है। इस संग्रह की विषयवस्तु में नदी की सांस्कृतिक धरोहरों से लेकर वर्तमान की विषम परिस्थितियों से उत्पन्न चुनौतियाँ सम्मिलित हैं। सुधीर आज़ाद ने पौराणिक आख्यानों और प्रचलित मान्यताओं को अपनी कविता के मूल में रखकर वर्तमान परिदृश्य में उसके आलोक के महत्त्व को पुनर्स्थापित करने की चेष्टा की है। वे इस प्रयास में सफल भी होते प्रतीत होते हैं। इस संग्रह में तमसा, अनोमा, बाणगंगा, चम्बल, नर्मदा, गंगा आदि भारतीय नदियों के साथ विदेशी नदियों तक का उल्लेख हुआ है। तमसा नदी जिसके किनारे राम ने वनवास की पहली रात्रि बिताई थी; 'तमसा' नामक नदी के बारे लिखी कविता में वह कहते हैं—

"अपने तट पर
मर्यादा पथिकों की

पहली रात एक नदी ने ही देखी थी
और राम को राम बनते देखा था''

एक अन्य कविता में वे कहते हैं—

''सीता और तमसा
दोनों स्त्री हैं
दुर्भाग्य दोनों को साथ लाया
सीता आज भी स्मृतियों का हिस्सा है
तमसा नहीं है''

नदी और नारी के अस्तित्व और मानसिकता को भारतवर्ष में प्राय: एक से आदर भाव से देखा जाता है। नदियों को माँ कहकर पुकारने की परंपरा है। इस संग्रह में नदी और नारी दोनों की दशा को कविता नए दृष्टिकोण से देखती है। 'नदी और लड़की', 'हर स्त्री एक नदी है', 'घर में नदी', 'लड़की और औरत : नदी' आदि कविताएँ अपनी मार्मिक अभिव्यक्ति से हमें झकझोर देती हैं । एक कविता का अंश देखिए—

''हर घर में एक नदी रहती है
जिससे पूछे बिना
बना दी जाती हैं उसके लिए योजनाएँ''

इस संग्रह को पढ़ते हुए यह सुखद अनुभूति होती है कि आज का कवि नदी के पक्ष में अपने माध्यम से संघर्ष करने के लिए कटिबद्ध है और अपने इस प्रयास से वह इस समय की चेतना का नया दस्तावेज़ तैयार करता प्रतीत होता है। कवि आपको नदी से जोड़कर तमाम उन संघर्षरत नारियों के दुखों और विडम्बनाओं से जोड़ता है जो सामाजिक विसंगतियों से उत्पन्न हुई हैं। 'स्मृति' नामक कविता देखिए—

''नदियाँ विस्मृतियों के स्मृति चिन्ह हैं
लेकिन अफ़सोस
कुछ नदियाँ अपनी स्मृति खो चुकी हैं''

इस संग्रह में छोटी कविताएँ भी प्रभावपूर्ण बन पड़ी हैं और अपने ध्येय में सफल हैं। छोटी कविताओं के साथ यह सुविधा होती है कि आसानी से उद्धृत की जा सकती हैं। 'देवी' शीर्षक से यह कविता देखिए—

''नदी देवी है
और देवी के मानवीय अधिकार नहीं होते
नदी माँ है

और माँ का वसीयत में नाम नहीं होता''

सुधीर आज़ाद के यहाँ विषयवस्तु, शब्दचयन और वाक्य विन्यास, ये सभी अपने श्रेष्ठ रूप में उपस्थित हैं। इनकी कविताएँ पढ़ते हुए आप कई बार स्वयं के अनुभव संसार में लौटने और उस पर नए दृष्टिकोण से विचार करने पर विवश हो जाते हैं।

इससे पहले भी नदी को केंद्र में रखकर कविताएँ और कविता संग्रह आए हैं लेकिन जो आवेग, आवेश और रंग इन कविताओं में आया है वह अपूर्व है।

सुधीर आज़ाद मूलतः फ़िल्मकार हैं और उनकी कविताओं में भी चित्रात्मकता दिखाई पड़ती है। उनके शब्दों से रंग और छवियाँ निर्मित होती प्रतीत होती हैं।

कुछ उदाहरण देखिए—

''नावें
नदी की धाराओं पर फूलों के जैसी रहती हैं
और जिन बेलों पर फूल नहीं खिलते
उदास रहती हैं!''

''नदी का स्वभाव है बहना
नदी का पानी ठहर भी जाए तो
नदी खुद अपने भीतर बहती है
और फिर नदी के ठहरे हुए पानी में
परछाइयाँ बहती हैं''

मुझे पूरा विश्वास है कि डॉ. सुधीर आज़ाद का यह संग्रह वर्तमान काव्य प्रेमियों को अपने कथ्य और शैलीगत विशेषताओं के कारण बहुत आत्मीय और आकर्षक प्रतीत होगा। यह एक महत्त्वपूर्ण संग्रह है जिससे समकालीन कवि और आलोचक भी प्रभावित होंगे। मैं डॉ. सुधीर आज़ाद को इस बहुमूल्य कृति के लिए बधाई देता हूँ।

—विजय कुमार स्वर्णकार

आत्मकथ्य

कविता के लिए नदी का हृदय, नदी की दृष्टि, नदी का बहाव, नदी का विस्तार, नदी की गहराई और उसकी निरंतरता अनिवार्य है। इसलिए इस ब्रह्मांड की पहली कविता नदी के किनारे ही जन्मी थी।

'पानी नहीं है' डॉक्यूमेंट्री फ़िल्म के रिसर्च के दौरान सारी तथ्यात्मकता और विचारात्मकता फ़िल्म का हिस्सा बनते जा रही थी। मैं बहुत तेज़-रफ़्तार से लिख रहा था, पढ़ रहा था और शूट भी करते जा रहा था। इन सभी के दरम्यान कुछ था जो मुझे लगातार अनुभूत हो रहा था कि छूट रहा था, कुछ है जो सिनेमा के माध्यम कहा जा नहीं रहा है, कुछ है जो लिखा नहीं जा रहा है। जो न कहा जा रहा था, ना लिखा जा रहा था; यही है—'नदी, मैं तुम्हें रुकने नहीं दूँगा'।

यह किताब दरअस्ल उन क्षणों से उपजी है जिसमें मेरे मौन का संवाद है और इस संवाद के अधिकतर प्रश्न अनुत्तरित रहे हैं। हमारे आसपास बोलती, उछलती-कूदती हुई नदियाँ क्यों चुप होती जा रही हैं? नदियाँ कहाँ जाती जा रही हैं? नदियों के प्रति हमारा दृष्टिकोण इतना सुविधाभोगी क्यों होते जा रहा है? नदियों के प्रति हमारी आस्था आवश्यकता में क्यों बदलती जा रही है? इन्हीं और ऐसे सारे प्रश्नों के सामने मैं निरुत्तरित-सा रहा।

कितना दिलचस्प है न कि एक सूखी नदी कितना भिगो देती है!
एक ठहरी नदी का बहाव कितना तेज़ होता है!
एक चुप नदी कितना बोलती है।

बच्चे माँ के पास से खाली नहीं लौटते।
मैं भी जैसे एकाध बूँद पानी लेकर लौटा हूँ ।

नदी होती है। नदी बनाई नहीं जा सकती, ऐसे ही कविता लिखी नहीं जा सकती। कविता होती है।

तो यह कहना पूर्णतः तर्कसंगत है कि मुझमें यह एक बूँद पानी भी नदी का ही

है। किताब में भी नदी का पानी है। सारे शब्द उसी पानी के हैं और उसी से अभिसिंचित हैं।

किताब में नदियों की कहानी है, नदियों की पीड़ा है, नदियों की उपेक्षा है, नदियों का वर्तमान है, नदियों का अतीत है, नदियों के आसपास की दुनिया और उस दुनिया के चित्र हैं।

नेताजी सुभाषचंद्र बोस ने आज़ादी के संघर्ष के दौरान कहा था कि—'हम जहाँ हैं, हमें वहाँ अपनी भूमिका निश्चित करनी चाहिए।' इसलिए एक बात जो यहाँ कहना बहुत ज़रूरी है वो यह कि इस किताब में मेरा कर्त्तव्यबोध है।

मेरे पापा श्री द्वारका प्रसाद जी नेमा इस किताब की ज़मीन और आसमान दोनों हैं और सुजीत हौसला है।

यह किताब मेरे दोस्त मोहित जोशी और परी जोशी की किताब है और उन्हीं की मुहब्बतों को मेरा छोटा-सा नज़राना है। इन दोनों के बग़ैर इस किताब का होना असंभव-सा था। ये दोनों इस किताब के पहले शब्द से आख़िरी शब्द तक मेरे साथ बहे हैं।

मेरी कविताओं को किताब की शक्ल और सूरत अता कर उसे सँवारा है श्री विजय कुमार स्वर्णकार जी ने। इस किताब में जो अच्छा है सब उनका है।

ज्ञानपीठ प्रकाशन का वाक़ई शुक्रगुज़ार हूँ उनके साथ किताब आ रही है।

'नदी, मैं तुम्हें रुकने नहीं दूँगा' में मेरा कुछ भी नहीं है सिवाय उस रिक्तता के जो नदी को और नहीं लिख सकी, और सुन नहीं सकी, और कह नहीं सकी।

दोस्तों, अब यह किताब आप सभी की है।

किताब की दो पंक्तियाँ लिख रहा हूँ—

'हम किस काल में कितने मनुष्य थे
यह उस काल की नदियाँ बताती हैं!'

—सुधीर आज़ाद

किताब का बहाव

आदिकविता!

प्रत्येक कविता में नदी बहती है
अपने समय की चट्टानों से लड़ती
और सम्भावनाओं की सीमाओं से टकराते हुए
असंख्य विपरीतताओं में
अपना अस्तित्त्व बचाए

इसी तरह नदी में कविता रहती है
नावों की गति से उपजी लय में
लहरों की कलकल में
बढ़ते ज़हर के शोर में
सूख रहे तन के कालेपन के बीच

कविता का सन्दर्भ अलग है
किन्तु प्रसंग पीड़ा ही है
इसलिए ब्रह्मांड की पहली कविता ने
नदी के तट पर ही जन्म लिया था।

मैं, नदी और गणित

नदी बड़ी है और
बड़े से ही घटता है
इस बड़े से ही घटाये जाते रहे हैं

बड़ी संख्याओं को
छोटी संख्याओं से काटा गया है
नदी के असंख्य भाग किये
और हर बार पाया है जो चाहा है फल।

नदी के सामने बढ़ते जा रहे हैं हमलावर शून्य
और घटता जा रहा है अंक
बहुगुणित तनाव में हैं लहरें

मनुष्य और नदी का
युगों से सहज रहा समीकरण
स्वयंसिद्ध रहा भी
किन्तु आ गयी हैं कुछ ऐसी राशियाँ
जिनके मोह में
मनुष्य ने
खो दिए नदी से बहुमूल्य रिश्ते
क्योंकि नदी भोली थी और
मनुष्य गणित जानता था।

संविधान

टेम्स ने कभी गंगा को नहीं देखा
नर्मदा नहीं जानती आमेजन को
हडसन और नाइजर की तरह
वोल्गा और नील भी अपरिचित हैं
सबके भौगोलिक विन्यासों में अंतर है
इन नदियों के आसपास की सभ्यता भी
भिन्न है
पृथक है कथा उनकी अपनी–अपनी

लेकिन इन सभ्यताओं में एक से मनुष्य हैं
उनका दृष्टिकोण भी एक जैसा उपयोगितावादी
बहुरूपता लिए उनके हैं उनके चरित्र किन्तु,
एकरूप है उनका नदियों के प्रति आचरण

यही कारण है कि
सभी नदियों का दु:ख एक जैसा है
उनमें बहने वाला दर्द एक जैसा है
एक जैसी है उनकी सिमटती हुई दुनिया
उनकी नावों का क्रंदन एक जैसा है
उनके किनारों को सीमेंट का खौफ़
और उनका सन्नाटा एक जैसा है
अमृत बाँटने वाली ये सारी नदियाँ
एक जैसा ही ज़हर पी रही हैं

जिस तरह एक जैसी है मनुष्यों की नीयत
नदियों की नियति भी एक जैसी है

मनुष्य जब समाप्त कर चुका होगा
अपनी सारी मनुष्यता
और पूरे ब्रह्मांड में जब एक साथ होगी रात
तब सभी नदियाँ एक-दूसरे से मिलेंगी
और
नयी सभ्यता के निर्माण का संविधान रचेंगी!
चुपचाप!

नदी और लड़की

एक लड़की थी गाँव में
कुछ समय पहले
उसकी माँ मर गयी थी
माँ के साथ बच्चों का बचपन भी मर जाता है
माँ के बाद
गाँव का ऐसा कोई नहीं था
जिसके सामने वह बच्ची बनी रहती
ख़ुद को भी बड़ी लगने लगी थी वह

नदी उसे अपनी तरह लगती
उसने एक दिन नदी से दोस्ती कर ली
फिर
वह पहरों उसके किनारे बैठे रहती
उसी से कहते रहती अपना सब कुछ

धीरे-धीरे सूखता गया पानी
सूखते गए आँसू
खोते गए अस्तित्त्व।

कुछ दिनों बाद
कई दिनों से गायब उस लड़की की गुमशुदगी की रिपोर्ट दर्ज़ हुई
फिर कुछ दिनों बाद

उस लड़की की नंगी देह
नदी की सूखी देह में मिली

फिर कुछ दिनों बाद
कुछ दिनों तक चर्चा रही गाँव में,
एक लड़की थी गाँव में,
एक नदी थी गाँव में।

नदी के घाट को रात में देखना

जब रात होती है
और कोई घाट पर नहीं होता
तब मंदिर चुपचाप
अपना सब कुछ लेकर
नदी की तह में उतर जाते हैं

जब रात होती है
और कोई घाट पर नहीं होता
सारी नावें नदी को उठाती हैं
और बच्चों की तरह दिन भर का सब कुछ बताती हैं उसे

जब रात होती है
और कोई घाट पर नहीं होता
चाँद नदी में उतरता है
जिस तरह एक सूरज दिनभर कई नदियों की लहरों में चमकता है
उसी तरह एक चाँद रात भर कई नदियों में उतरता है

जब रात होती है
और कोई घाट पर नहीं होता
तो नदी रुक जाती है और
घाट बहने लगता है

प्रेम और घाट एक जैसे बहते हैं
दोनों में वेग होता है, दोनों में प्रवाह
किंतु दोनों जहाँ हैं,
वहीं रह जाते हैं!

पानी नहीं है!

हर ओर हाहाकार है
संघर्ष और संहार है
इससे किसे इनकार है
पानी नहीं है। पानी नहीं है।

खेतों से, अपने गाँव से
पेड़ों से उसकी छाँव से
बोली नदी फिर नाव से
पानी नहीं है। पानी नहीं है।

कर्ज़ों की गहरी सिसकियाँ
दबती गलों में हिचकियाँ
देखो ज़रा ये चुप्पियाँ
पानी नहीं है। पानी नहीं है।

धरती को अपनी छोड़कर
हारे हैं कैसी होड़कर
आख़िर बचा क्या जोड़कर
पानी नहीं है। पानी नहीं है।

नदी भी आएगी देखना!

सुना है
पहले वहाँ एक नदी रहती थी
जहाँ आजकल कई कॉलोनियाँ रहती हैं
मैं जिस घर में रहता हूँ
वो घर भी उन्हीं में से एक कॉलोनी में रहता है

नदी कहाँ गई कोई नहीं जानता
न कोई जानना चाहता है
लेकिन मेरे व्यथित मन को अक्सर याद आता है
बऊ कई बार कहती थी
कि जिसका हक़ मारा जाता है
वो वापस लौटता है
अपना सब कुछ लेने के लिए
नदी भी आएगी देखना ।

अपनापन!

नदी ने
हमारा गाँव
कभी नहीं देखा था
वह दूर जंगल से निकल जाती थी
हमारे गाँव के लोग उसे पर-गाँव की नदी कहते थे

मुझे गाँव के खेतों की फ़सलों में
नज़र आता था चमकता हुआ पानी

वह नदी चुपके-चुपके गाँव को पानी देती थी
नदी हमारे गाँव को अपना मानती होगी!

एक नदी कभी अकेले नहीं मरती - 1

नदी का मरना हमारे आज की मौत है
नदी का मरना हमारे कल का काल है ।
एक नदी का मर जाना
नाव के सपनों का मर जाना है
माझी के गीतों का मर जाना है
एक राग का ख़ामोश हो जाना है
किनारों के आपसी संवाद का मर जाना है
एक नदी का मरना संभावित यात्राओं की मौत है

एक नदी का मर जाना
किनारों का अवसान है
किनारों की रेत में खेलों की मौत है
इन सब के साथ वो कच्चे पुल भी मर जाते हैं
जिससे बचपन के पक्के संबंध बनते हैं

एक नदी का मर जाना
एक बच्चे की छलांग और
और उससे उपजी छपाक का मर जाना है

एक नदी के मरने से
उसके साथ गाँव मरते हैं

गाँवों के खेत,
गाँवों के कुएँ मरते हैं
और हाँ हर किसी में से
कुछ बूँदें मर जाती हैं
नदी के मरने के साथ।

एक नदी कभी अकेले नहीं मरती!

एक नदी कभी अकेले नहीं मरती — 2

एक नदी के मर जाने से
जाने कितने वो बहाने मर जाते हैं
जो एक पनिहारिन अपने प्रेम के लिए करती है

एक नदी के मर जाने से
पनिहारिन का प्रेम मारता है
उसका श्रृंगार, उसका स्वप्न मरता है
एक नदी के मर जाने से
पनिहारिन की संगिनी मर जाती है
और दोनों की आत्मा सूख जाती है

लेकिन जब हमें मर रही नदियाँ
सूखे हुए खेत,
खाली पड़े कुएँ
और प्यास से तड़पती हुई बस्तियाँ नहीं दिखतीं
उस पनिहारिन का प्रेम कैसे नज़र आएगा?

तो क्या यह उचित है कि
यह लिखा जाए
कि एक नदी का मर जाना
सिर्फ़ एक नदी का मर जाना है!

गंगा!

गंगा एक सांस्कृतिक दस्तावेज़ है
जिसमें हमारी लड़ाईयाँ, हमारा संघर्ष दर्ज़ है
हमारी खोजें, हमारा उत्कर्ष दर्ज़ है
भीष्म का विषाद, अर्जुन का हर्ष दर्ज़ है
जीवन का बोध और उसका निष्कर्ष दर्ज़ है
धाती का गौरव और उसका प्रकर्ष दर्ज़ है
गंगा भारत के अस्तित्व का दर्पण है,
गंगा में हमारा सारा भारतवर्ष दर्ज़ है।

संबंध!

एकटक देखते रहती है नदी
अपने मित्र पहाड़ को
जानती है चढ़ाईयाँ विकट हैं
फिर भी सोचती है
''मित्र हम मिले अगर
तो बहुत रोना है
तुमसे लिपटकर।''

उधर,
विस्मृति–सी छाई रहती है पहाड़ पर
और उसकी स्मृति में एक नदी बहती है
कटते जा रहा है वह स्वयं
और मिटती जा रही है उसकी स्मृति

किसी दिन
पहाड़ मैदान हो जाएगा
और नदी सड़क बन कर उससे गुज़र जाएगी!
संबंधों के सेतु सूख भी जायें
फिर भी
उससे गुज़रता रहता है बहुत कुछ ...

फूल

सदियों से मनुष्य बहाते आ रहा है
अस्थियों के फूल
मुक्ति और आत्मशांति के लिए
सबके फूल नदी में बहा दिए जाते हैं

अब नदी शांत हो गयी है,
इसके फूल कहाँ बहाऊँगा ?

मुझे देखकर तुम अब भी

मुझे देखकर तुम अब भी
पीड़ा से भर जाते होगे।

भव्य अमरकंटक वो पर्वत
दिव्य अनुष्ठानों में व्रत रत
अपना घर, वो अपना आँगन
जिस पर बीता अपना बचपन
स्मृतियों में चित्र अनेकों
बरबस ही खिंच जाते होगे।

धीरे-धीरे आया यौवन
महका-महका-सा था जीवन
आँखों से आँखों की बातें
बीते दिन, वो बीते रातें
संभवतः तुम भी अतीत के
मधुबन में खो जाते होगे।

मेरा वह सौंदर्य तुम्हें तो
मोहक गहने-सा लगता था
मेरे रूप के रंगों से तब
रोज़ नया जादू जगता था
याद वो दिन करते-करते
सपने जग-जग जाते होगे।

जीवन तुम हो, प्राण तुम्हीं हो
कहते थे मेरा परिचय हो
निर्मल धारा के प्रवाह सा
तुम नित-नित बढ़ता निश्चय हो
प्रतिपल जैसे अकुलाते थे
आज भी तो अकुलाते होगे।

संबंधों की गहराई में
मैं डूबी थी तुम क्या जानो
सारे जग से नाता तजकर
मैं बैठी थी तुम क्या जानो
वे संशय के बादल काले
क्या अब भी गहराते होगे।

राजसी आभूषण वस्त्रों में
तुम अपना संयम भूले थे
'जुहिला' की गंधों में रमकर
प्रेम सुधा अनुपम भूले थे
पुरुषों वाले मन से मुझको
अपराधी ठहराते होगे।

बदला मन-पथ अपना मैंने
बदला अपना सपना मैंने
अपने पथ से हूँ मैं हर्षित
और तुम्हें क्या करना दंडित
स्वयं को मैं यह समझाती हूँ
तुम भी खुद को समझाते होगे।

हर स्त्री एक नदी है!

हर स्त्री एक नदी है
जो जन्म से संघर्ष कर रही है
जिसकी गहरी तह में बहुत कुछ डूबा रहता है।
जो हर वक़्त किसी न किसी पहाड़ से टकराती रहती है।
जिसका प्रवाह उसके आसपास की चट्टानें रोक देती हैं।
जो अपने आसपास के दुर्गम रास्तों से बहना चाहती है।
जो प्रेम के लिए सदियों से बह रही है।
जो अपने सागर तक जाना चाहती है।

हर स्त्री एक नदी है
और नदी सूख रही है!

गंगाघाट!

संभव है यह आपको अस्वीकार हो
आपकी आस्था इससे चोटिल हो
आपकी श्रद्धा इससे अपमानित हो और
आप इसे साहित्य में उपादेय समझना तो दूर
इसे कविता ही ना समझें,
लेकिन फिर भी
यह सच लिखा जाना ज़रूरी है
कि बनारस में गंगाघाटों से गुज़रते हुए
गंगा के पानी की महक लजाती है,
गंगा के घाट
बू से भरे हैं
वे कितने ही दिनों से नहाए नहीं हैं।

बड़ा!

जब मैं छोटा था
नदी डराती थी मुझे
अपने तेज़ बहाव से
अपनी ऊँची लहरों से
अपनी गहराइयों से,
उसे तैरकर कभी पार नहीं कर पाता था।

लेकिन,
अब मैं बड़ा हो गया हूँ
और नदी छोटी हो गयी है
उसे चलकर पार कर लेता हूँ।

घर में नदी!

हर घर में एक नदी बहती है
जिससे पूछे बिन
बना दी जाती हैं उसके लिए योजनाएँ

हर घर में एक नदी बहती है
जिसके बहने का मार्ग तय करती हैं
उसके आसपास के पहाड़ों की चट्टानें

हर घर में एक नदी बहती है
जिसके उपभोग के लिए
बाँध दिए जाते हैं कई बाँध

किनारे कमज़ोर हों तो
नदी की हिम्मत टूट जाती है
किनारों की उदासी से
नदी मुरझा जाती है

अगर तुम किसी नदी के किनारे हो
तो उस नदी का मज़बूत किनारा बनना

लड़की और औरत : नदी

पहले प्रेम की कह देने की विव्हलता
उसके व्यक्त हो जाने का ज्वार
चट्टानों को बार-बार
छू-छूकर बतियाती हुई लहरें
और अंगडाईयाँ लेता हुआ पानी देखा है ना आपने।
किनारों पर नदी
सोलह बरस की लड़की की तरह होती है।

वहीं
अपने भीतर सब समो लेने का सामर्थ्य
और प्रेम का गाम्भीर्य लिए
व्यवस्थित लय और प्रवाह के साथ
ऊँच-नीच में समता का स्वर
घनी काया
और गहरी आँखें लिए
किनारों से दूर
नदी औरत की तरह होती है।

नदी और समय!

मनुष्य का इतिहास नदी की गोद में रहता है
नदियाँ मनुष्य के इतिहास को अभिसिंचित करती हैं
आरम्भ का अतीत
और सृष्टि की प्राचीनता।
सब नदियों के पास है

अपने प्रवाह की टेढ़ी-मेढ़ी रेखाओं से
रेखाओं के गहरे और हलके स्ट्रोक से
धरती के कैनवास पर
अपनी न्यूनतम या अधिकतम जलराशि से
नदियाँ भविष्य के चित्र
खींचने के लिए
आमंत्रित करती हैं मनुष्य को।

अतीत और भविष्य को
अपने दो किनारों की तरह
लेकर नदियाँ बहती रहती हैं
बहते रहना वर्तमान है
इसलिए नदियाँ सदैव वर्तमान होना चाहती हैं
अतीत कभी नहीं।

अनोमा!

जब एक पुरुष अपना अहम धरती पर रख देता है
उतार देता है मुखौटा
फेंक देता है शृंगार के सामान
त्याग देता है सारे बनावटी वस्त्र
छोड़ देता है अपनी सारी कंथकी सुविधाएँ
और अपने होने का भाव मिटाकर
सत्य के लिए आह्वान करता है
वह मनुष्य कैसा लगता है?

अनोमा,
आत्मचेतना जिसके स्वर में सधी होती है
जिसकी पारदर्शिता नदी के समान होती है
जो साफ़-साफ़ बोलता है
और करता है ग़लत पर प्रहार
जिसकी वाणी निर्भीक
मन सधा हुआ और मस्तिष्क निर्मल होता है
जिसकी दृष्टि में होते हैं
देवताओं के दृष्टिकोण
वह मनुष्य कैसा लगता है?

अनोमा, तुमने एक नहीं, दो बुद्ध देखे हैं!

— अनोमा नदी बौद्ध साहित्य में वर्णित एक प्रसिद्ध नदी है। बुद्ध की जीवन-कथाओं में वर्णित है कि सिद्धार्थ ने कपिलवस्तु को छोड़ने के पश्चात् इस नदी को अपने *घोड़े 'कंथक' पर पार किया था।

— अनोमा नदी को वर्तमान में आमी नदी के रूप में पहचाना जाता है। अनोमा कबीर के 'कबीर' होने की साक्षी है। महान गुरु गोरक्षनाथ और कबीर के शास्त्रीय संवाद की प्रतीक है।

मैं अब किसी को नदी नहीं कहता!

पहले मैं
अगर किसी को नदी
या नदी-सा कहता था
तो उसका अर्थ यह था कि उसमें गति है
जीवन का प्रवाह है,
और सौन्दर्य है
लेकिन,
अब मैं किसी को नदी नहीं कहता
क्योंकि अब नदी का अर्थ
'एक ऐसी निश्चित क्रिया है जो
अपने समापन की ओर धकेली जा रही है।'

नदी की स्मृति!

चाहे वह कितनी ही उथली सतह पर बहती हो
नदी की स्मृति गहरी होती है

नदी सेंकड़ों बरस पहले जिस रास्ते से गुज़री थी
तय है वह उस रास्ते से फिर गुज़रेगी
नदी अपना रास्ता कभी नहीं भूलती
और इसलिए
कभी दूसरों के बनाए हुए रास्तों पर नहीं चलती नदी

हमने बहुत बड़े-बड़े बाँध बना लिए
लोहे के पहाड़ तान दिए
सीमेंट के क़ैदखाने बना लिए
और नदी को बंद कर
इस शर्त पर उसे रिहाई देने लगे कि
वह हमारे बनाए हुए रास्तों से ही गुज़रे
लेकिन हम भूल गए कि
नदी की स्मृति में हैं उसके रास्ते

और,
आज भी जब कोई कबीर आवाज़ देगा
तो हर अनोमा
फिर अपना रास्ता बदलकर उस तक पहुँच जाएगी
क्योंकि नदी की स्मृति गहरी होती है।

नदी तुम हार नहीं सकतीं!

सारी विपरीतताओं में आगे बढ़ना सिखाती हो,
हर एक विरोधाभास से भी लड़ना सिखाती हो,
मस्तक उठे कुछ इस तरह जूझना सिखाती हो,
तुम इस तरह तो वर्जनाओं को स्वीकार नहीं सकतीं।
नदी तुम हार नहीं सकतीं!

दर्पण तुम्हारा इस तरह जो मौन रहेगा
सदियों से सदियों की कहानी कौन कहेगा?
कहो हममें फिर रक्त बनके कौन बहेगा?
यह सब क्या एक बार विचार नहीं सकतीं?
नदी तुम हार नहीं सकतीं!

तुम हमारी संवेदनाओं का अनंत विस्तार हो,
तुम हमारी प्रेरणाओं का असीम आधार हो,
तुम हमारी संभावनाओं का सुखद संसार हो,
तुम हमारी प्रार्थनाओं को नकार नहीं सकतीं,
नदी तुम हार नहीं सकतीं!

नदी तुम कहाँ हो ?

गाँव, खेत, तालाब, कुएँ, नहरों तक
बैठे रहते थे तेरे पहलू में पहरों तक
क्योंकि तुम थीं !

घर से भागकर, उदास होकर अक्सर
बैठ जाते थे तेरे सुकून के साए में आकर
क्योंकि तुम थीं !

ये बादल भी जब कभी बरसते नहीं थे
हम तब भी पानी के लिए तरसते नहीं थे
क्योंकि तुम थीं !

लाख तपता रहे, जलता रहे मौसम फिर भी
एक तरफ़ से ठंडी हवा ही आती रहती थी हमेशा
क्योंकि गाँव के उस तरफ़ तुम थीं !

नदी तुम कहाँ हो ?

नदी का जाना!

नदी उछल–कूद बंद कर देती है
नावों से दूर जाने लगती है
और किनारों को मिलाने लगती है
रेतीली पगडंडियों के सहारे

रुकती जा रही नदी
अपनी व्यथा कितने बिम्बों से कह रही है
और हम समझते हैं
वह बह रही है

नदी के जाने में
और
उसके बहने में
बहुत अंतर होता है।

नदी, मैं तुम्हें रुकने नहीं दूँगा!

नदी तुम फिर अपने किनारे एक सभ्यता को जन्म देना
जिसके आविष्कार प्रकृति के मित्र हों
जिसका उन्मेष मनुष्यता का उन्मेष हो
जिसका अंतस नारी का अंतस हो
जिसका पुरुषार्थ अविचल हो
जिसका दर्शन तुम्हारी ही तरह प्रेम और पालन हो
जिसका उर विशाल और पर्मार्थरत हो
जिसकी बाहें पर्वतों-सी पुष्ट हों
जिसका ध्येय जंगलों की भाँति पवित्र हो
जिसका आचरण उद्घोष करे कि -
नदी, मैं तुम्हें रुकने नहीं दूँगा!

पल!

उस रोज़ हम दोनों
नदी किनारे बैठे थे
उस रोज़ का एक पल
नदी के पास रक्खा है,
अब तुम नहीं हो
मैं रोज़ यहाँ आता हूँ
कि किसी रोज़
किसी लहर के साथ
वो पल तैरता हुआ
मुझ तक
वापस आएगा।

दालन में झरना!

एक झरना-सा कुछ
जो तुमने घर के दालान में
सजा रक्खा है;
गिरता रहता है जिसका पानी
हमेशा एक साथ उदास
वो पानी अपनी नदी से दूर है

दालान में बोनसाई भी हैं
जो फल-फूल रहे हैं
मुस्कुरा रहे हैं।

समझ नहीं पाता कोई झरने की उदासी
शायद हम जंगल को समझ सकते हैं
नदी को समझना असंभव है।

नदी...गुमशुदा ज़ात!

किसी कैनवास
या ड्राइंग में
जब उतरेगी यह
तब पूछे जायेंगे प्रश्न
और बताया जाएगा—
यह नदी है
जो पिछली सदी थी
उसमें कुछ नदियाँ बहती थीं!
नदी;
अगली सदी में एक गुमशुदा ज़ात होगी।

किसान का बेटा!

किसान नदी का सबसे प्यारा बेटा है
वह उसे सबसे ज्यादा लाड़ करती है
किसान भी जान देता है उस पर
लेकिन किसान का बेटा नदी से प्यार नहीं करता;
आधुनिकता की अतीत से आसक्ति नहीं,
आवश्यकता का संबंध है।

नदी...मनुष्यता का पैमाना है!

किसी काल में
मनुष्य कितने संवेदनशील और जीवित थे,
किसी काल में
मनुष्य के परिवार में
कितना प्रेम था,
किसी काल में
समाज का विश्वास
और उसका आचरण क्या था,
किसी काल में
राष्ट्र की व्यवस्था क्या थी
और कैसी थी उनकी नीतियाँ?

यह जानने के लिए
उस काल की नदियों को देखना!

साँप!

साँप की तरह चलने वाली नदी
गाय की तरह होती है
और गाय की तरह दिखने वाला मनुष्य
सांप की तरह होता है।

शरीर!

कभी अथाह नीर था
अभी अपार पीर है
आँसुओं से भीग रहा
नदी का क्षत शरीर है

तट!

दोनों रुआँसे
दिन के खौफ़
और
रात के सन्नाटे में सोचते रहते हैं,
हम पास आते जा रहे हैं,
अगर हम मिल गए तो
नदी मर जाएगी।

सही!

तुम सही हो,
इसलिए नदी हो;
क्योंकि जो झूठे हैं,
वो सूखे हैं।

नदी में सिक्के!

भारी मान्यताओं
बड़ी-बड़ी प्रार्थनाओं को
कई किस्म की अर्जियों को
अपने भीतर भरकर कूदते हैं सिक्के

नदियों में पड़े हुए सिक्के
सिर्फ़ अपने भार से नहीं डूबते!

निःशब्द!

एक सफ़हे पर
दो-चार झीने-से शब्द लिख दिए हैं,
नदी,
तुम अब बस इतनी ही बाक़ी हो,
कितना लिखूँ?

नदी रोती है!

नदी रोती है
इसका कारण
उसका ठहरा हुआ वर्तमान हो सकता है,
या
उसका बहता हुआ अतीत।

सुनो सड़क!

सुनो सड़क!

उसका पानी लिया
उसकी छाती से रेत निकाली
और फिर उसे अपने घर से निकाल दिया!
यह नदी यूं ही
तुम्हारे किनारे पड़ी नहीं कराह रही है।

नदी चीखती है!

जब उसकी छाती पर
मशीनी फावड़े पड़ते हैं
और भारी ट्रक चलते हैं,
नदी चीखती है!

जब उसकी धारों को
अगवा किया जाता है
और किनारों की हत्या होती है,
नदी चीखती है!

नदी की दुनिया!

1.
नावें,
नदी की धारों पर फूल के जैसी रहती हैं
और जिन बेलों में फूल नहीं खिलते,
उदास रहती हैं!

2.
अब जब वो नहीं रहे
तो उसके पास
एक सन्नाटा चिल्लाने लगा है,
कभी ये नदी
पेड़ों से बहुत बात करती थी।

3.
नदी जो जंगल तुम्हारे संगीत के आदी थे
वे तुम्हारी ख़ामोशी से पागल हो गए हैं।

4.
संसार का सबसे सुरीला संगीत
वो चट्टानें सुनती हैं,
जो नदियों के पास होती हैं!

नदी का विलाप!

नदी के विलाप में संगीत है,
यह रोते हुए गाना
नदी का नदी में उतरना है
और गाते हुए रोना
किसी मनुष्य का
उसके भीतर की नदी को बहाना है।

नदी के आँसू!

नदी तुम जिस भाषा में रोती हो
उसका व्याकरण सूख चुका है
और शब्दावली पाषाण हो गई है
इसलिए यह मान रहा हूँ
तुममें दिखने वाला हर पत्थर
एक आँसू है।

आईने में सूरत!

ज़रा देखिए तो सही
इन पेड़ों के धूल से भरे चेहरे
हाथ-मुँह धोकर
तैयार होना भूल ही गए हैं;
नदी थी तो पीछे पड़ी रहती थी
डाँटते रहती थी
आईने में सूरत दिखाती रहती थी!

संस्कृत!

जन्म,
मृत्यु,
विवाह
या किसी अन्य
उपलक्ष्य के सिवाए
संस्कृत की आवश्यकता नहीं पड़ती,
नदी का स्मरण भी इतना ही शेष है।

दृष्टि!

नदी
कल्पों से बहती है
नदी को देखने के लिए
आँख नहीं दृष्टि चाहिए।

नदी की कहानियाँ!

आइंदा वक़्त में जब
नदियों की कहानियाँ लिखी जाएँगी
या सुनाई जाएँगी
तब बताया जाएगा कि
पानी की एक विलुप्त प्रजाति
नदी हुआ करती थी।

एक नदी स्मृतियों में बहती है!

उछलती–कूदती
मेरे बचपन की तरह
एक नदी स्मृतियों में बहती है
और स्मृति सूख रही है!

मलबा!

मलबा जैसा कुछ भी नहीं छोड़ती नदी
वह बहती है या सूख जाती है।
मलबा तो मनुष्य छोड़ते आ रहा नदियों में
सदियों से सदियों का।

अधीन!

नदी अब दीन है
महीन है
जिस मानव सभ्यता को उसने पाला था
अब उसी के अधीन है।

नदी से इश्क़!

इश्क़ दरिया है
इश्क़ कभी सूखता नहीं

यह लड़ता है
सहता है
और ज़िन्दा रहता है

काश हमें नदी से इश्क़ होता!

नदी व्यवस्थाओं से नहीं बनती!

वह बनाई नहीं जाती
वह होती है
कल्पों की कोख से उपजती है
और युगों के विस्तार को अपनाती है

नदी व्यवस्थाओं से नहीं बनती है,
लेकिन बचाई जा सकती है।

देहात की बरसाती नदी!

वह पुल से गुज़रती हुई रेल को
जब भी देखती है
अपने ठहराव और निर्जनता से क्षुब्ध होकर अपने किनारों,
अपनी स्मृतियों को छोड़कर
पहले ही अवसर में
किसी रेल में बैठकर भाग जाना चाहती है।

नई सभ्यता रचने पर अबके!

नदी!
जब पत्थर के औज़ार बने
अग्नि का आविष्कार हो
जब पहियों का निर्माण हो
और लोहे की दुनिया जब पनपे
जब पशु, घर, खेत पनपे
जब गढ़ो तुम नए मनुष्य
और रचो नई सभ्यता

तब तुम सभ्यता को सभ्य बने रहना भी सिखाना
तब तुम मनुष्य को मनुष्य बने रहना भी सिखाना!

तमसा, क्रोंची और सीता!

वेदना से भरी तमसा
विरह से तप्त क्रोंची की तरह
चीत्कार करते हुए मर गई

सीता और तमसा
स्त्री और नदी हैं
दुर्भाग्य दोनों को साथ लाया

सीता आज भी स्मृतियों का हिस्सा है
तमसा नहीं है!

तमसा!

अपने तट पर
कर्त्तव्यपथ पर
मर्यादापथिकों की
पहली रात एक नदी ने ही देखी थे
और
राम को राम बनते हुए देखा है।

मेरी नदी!

दुनिया के सबसे ख़ूबसूरत रास्ते वे हैं
जिन रास्तों से होकर नदी गुज़रती है!
एक नदी मेरे भीतर से भी गुज़रती है
वह तुम हो!!!!

परछाईयाँ बहती हैं!

नदी कभी नहीं रुकती
बहती रहती है
नदी का स्वभाव है बहना
नदी का पानी ठहर भी जाए तो
नदी खुद अपने भीतर बहती है
और फिर नदी के ठहरे हुए पानी में
परछाईयाँ बहती हैं!

नदी के पत्थर!

नदी के पत्थर
आम पत्थरों से अलग होते हैं।

वे लचीले होते हैं
उनमें उस दिशा की तरफ़
झुकाव होता है
जिस दिशा में नदी बहती है।

दरअसल
किसी नदी के सूख जाने के बाद भी
या
बह चुकने के बाद भी
नदी के पत्थरों का
उस दिशा से लगाव रहता है।

नदी के पत्थर में
नदी का ममत्व होता है
वे जब भी किसी बच्चे के हाथ में जाते हैं
और मुलायम हो जाते हैं

नदी के पत्थर में पानी होता है
जो उसके चेहरे में चमकता है।

नदी के पत्थर में गति होती है
नदी के साथ वह भी बहता है।

नदी के पत्थर में
देवत्व होता है
किंतु,
नदी के पत्थर की गति
उससे बनने वाले देवता में नहीं होती।

पूर्ण होता है,
इसलिए
देवत्व गतिहीन होता है।

भीगना!

भीगना एक क्रिया है
जो पानी के बिन संभव नहीं।
पूरी सूख जाने के बाद भी
नदी में पानी रहता है
इसलिए
किसी सूखी नदी से
गुज़रते समय
आत्मा भीग जाती है।

प्यास!

प्यास पानी के अभाव से उपजती है।
नदी के पानी ने
आरंभ से ही मनुष्य की प्यास बुझाई है
कभी कुओं में जाकर
कभी नहरों से आकर
कभी नलों में
तो कभी नलकूपों से आकर
नदी हमारी तृप्तियों का स्त्रोत रही है।

लेकिन मनुष्य में दिमाग़ भी है
पहले अपनी प्यास के लिए
उसने नदियों को बाँधा
और जब प्यास बढ़ गई
तो मनुष्य
नदियों को पी गया।

नदी और झील!

बहती हुई नदी में बहुत कुछ ठहरा होता है।
ठहरी हुई झील में बहुत कुछ बहता है।
कई नदियाँ झीलों से बनती हैं
और कई झीलों को नदियाँ बनाती हैं।

ना बहती हुई नदी थकती है
ना ठहरी हुई झील।
हर एक नदी में एक झील है
और हर एक झील में एक नदी है।

समाज!

मनुष्यता के समाज में
नदी का कोई घर नहीं है
इसलिए नहीं उठता
उसके सामाजिक संबंधों का प्रश्न।

राजनीति!

किसी सूखे और उजाड़ मैदान में
एक दिन संसद लगेगी
और मर चुकी नदियों को
एक अधिनियम के द्वारा
जीवित इकाई घोषित किया जाएगा।

चम्बल शापित है!

चम्बल ही नहीं
हर वो नदी शापित है
जो आज बह रही है।
जो नदियाँ भूगोल में नहीं हैं अब
उन्हें ही मिला होगा शायद
इस मशीनी युग से पूर्व ही
अपनी यात्रा पूर्ण करने का वरदान।

गवाह!

चंबल रन्तिदेव की कीर्ति का चित्र नहीं है
ना ही उसके अभिमानी कृत्य की पताका है
वह उसके यज्ञों का मूर्त दस्तावेज भी नहीं है
चंबल एक नदी है
जो मनुष्य की अमानुषिकता की गवाह है!*

* महाभारत के अनुसार राजा रंतिदेव के यज्ञों में जो आर्द्र चर्म राशि इकट्ठा हो गई थी उसी से यह नदी उदभुत हुई थी—
'महानदी चर्मरा शेरूत्क्लेदात् ससृजेयतः
ततश्चर्मण्वतीत्येवं विख्याता स महानदी'

प्रतीक्षा!

सूखी नदी प्रतीक्षा कर रही है
कि कभी कोई आएगा
और
उसका हाथ पकड़कर
ले जाएगा उसे साथ अपने!

शेष!

नदी,
सिर्फ़ उतनी ही शेष रहेगी
जितना शेष रहेगा
एक मनुष्य में मनुष्य!

नदी अब नदी नहीं है!

वह बारिश में पानी बहने का
एक निश्चित रास्ता है बस।

वह कश्तियों का
किराये का घर है बस।

वह कुछ परंपराओं और मान्यताओं की
पूर्ति हेतु एक आवश्यकता है बस।

नदी अब नदी नहीं है
क्योंकि नदी से पहले-सा रिश्ता नहीं है।

इस्तेमाल!

नदियों के पानी पर विवाद होता है
अंतर्राज्यीय और अंतर्राष्ट्रीय
लेकिन नदी के लिए नहीं।

'पानी बहुआयामी है'
लेकिन 'पानी के इस्तेमाल' का नज़रिया एक ही है।
दरअसल नदी बूढ़ी माँ है
जिसके नाम की ज़मीन और
उसकी जायदाद पर
उसके बच्चे और पोते अपना हक़ जताने में लगे हैं।

स्मृति!

नदियाँ विस्मृतियों के स्मृति चिह्न हैं
लेकिन अफ़सोस
कुछ नदियाँ अपनी स्मृति खो चुकी हैं।

जन्म-मृत्यु!

नदियों ने मानव सभ्यताओं को जन्म दिया
और मानव सभ्यताओं ने नदियों को मृत्यु।

कहानी!

प्रत्येक नदी की अधूरी कहानी है
जो अपने ही पानी में बह रही है
और
अपने ही रास्ते में भुला दी जा रही है।

देवी!

नदी देवी है
और देवी के मानवीय अधिकार नहीं होते।
नदी माँ है
और माँ का वसीयत में नाम नहीं होता।

बाणगंगा!

बाणगंगा कभी नदी थी,
अब चौराहा है।
एक दिशा में बहती नदी
के स्थान पर
चार रास्ते जा रहे हैं!

ये नदी जो बह रही है!

ये नदी जो बह रही है
कितना कुछ यह सह रही है
बह गया जो बह गया वो
रह गया कुछ कह रही है।

प्रेम!

प्रेम एक नदी है
जब वह अंतस में नहीं
पाता आत्मविस्तार,
तो नदी,
किसी खाई में
कूद जाती है।

यात्रा और ठहराव!

किसी नदी के किनारे पर चलना
आत्मा का सबसे बड़ा ठहराव है!
और,
किसी नदी के किनारे बैठना
आत्मा की सबसे बड़ी यात्रा है!

नदी के दोहे

जैसे तेरी साँस हैं, वैसी मेरी धार!
सोच कितनी चोट मुझे, देती है पतवार!!

आँसू-आँसू घाट हैं, आँसू-आँसू नीर!
आँसू-आँसू बह रही, गंगा तेरी पीर!!

कैसी तेरी रीत है, कैसी तेरी भक्ति!
आँचल मैला कर दिये, गंगा मांगे मुक्ति!!

जब से हूँ परदेस में, यादों में है गाँव!
आँखों में है तैरती, आँसू की एक नाव!!

❑❑❑